BEI GRIN MACHT SICH IHR WISSEN BEZAHLT

AF144688

- Wir veröffentlichen Ihre Hausarbeit, Bachelor- und Masterarbeit

- Ihr eigenes eBook und Buch - weltweit in allen wichtigen Shops

- Verdienen Sie an jedem Verkauf

Jetzt bei www.GRIN.com hochladen und kostenlos publizieren

Welche Chancen, Herausforderungen und Risiken bestehen durch den Einsatz von Künstlicher Intelligenz?

Untersuchung am Beispiel von "ChatGPT" im schulischen Sprachunterricht

Charlotte Friedrich

Bibliografische Information der Deutschen Nationalbibliothek:

Die Deutsche Nationalbibliothek verzeichnet diese Publikation in der Deutschen Nationalbibliografie; detaillierte bibliografische Daten sind im Internet über http://dnb.d-nb.de abrufbar.

ISBN: 9783389088074
Dieses Buch ist auch als E-Book erhältlich.

Druck und Bindung: Books on Demand GmbH, Norderstedt Germany
Gedruckt auf säurefreiem Papier aus verantwortungsvollen Quellen

Das vorliegende Werk wurde sorgfältig erarbeitet. Dennoch übernehmen Autoren und Verlag für die Richtigkeit von Angaben, Hinweisen, Links und Ratschlägen sowie eventuelle Druckfehler keine Haftung.

Das Buch bei GRIN: https://www.grin.com/document/1519163

„Welche Chancen, Herausforderungen und Risiken bestehen durch den Einsatz von Künstlicher Intelligenz?"

Untersuchung am Beispiel von „ChatGPT" im schulischen Sprachunterricht

Charlotte Friedrich

Semester: WS 2022/23

Philipps-Universität Marburg

FB 09 Germanistik und Kunstwissenschaften

Institut für Medienwissenschaft

Inhaltsverzeichnis

1. Einleitung

Die einen sind begeistert, den anderen treibt es die Sorgefalten auf die Stirn, und wiederum gibt es solche, die verschmitzt lächelnd abwarten und sagen, wir werden schon sehen, wofür es gut ist. Doch wovon ist die Rede? Die Rede ist von Künstlicher Intelligenz, genauer gesagt von „ChatGPT". Seit seiner Veröffentlichung Ende November 2022 füllt der Chatbot die Schlagzeilen der Presse. Da er für jedermann frei zugänglich ist, werden die Konsequenzen insbesondere für den schulischen Bereich mit Blick auf die Potenziale aber auch mit Blick auf die Gefahren und Herausforderungen intensiv diskutiert.

Sicherlich ist der Einsatz von Künstlicher Intelligenz in vielen gesellschaftlichen Bereichen nichts Neues. Doch welche Bedeutung genau dieser Chatbot für den schulischen Sprachunterricht hat, soll im Rahmen dieser Hausarbeit untersucht werden, in der ich folgende Forschungsfrage stelle:

„Welche Chancen, Herausforderungen und Risiken bestehen durch den Einsatz von künstlicher Intelligenz im schulischen Sprachunterricht am Beispiel von ChatGPT?"

Um die gestellte Forschungsfrage dieser Hausarbeit klären zu können, werde ich zunächst im ersten Kapitel die theoretischen Grundlagen zum gestellten Thema erörtern. Dazu bedarf es der Definitionen von „Künstlicher Intelligenz" und „ChatGPT". Im Weiteren werde ich exemplarisch auf die curricularen Vorgaben der schulischen Sprachlehre im Deutschunterricht der Sekundarstufe 1 an Haupt- und Realschulen in Nordrhein-Westfalen eingehen, um in einem nächsten Schritt die praktischen Anwendungsmöglichkeiten des Chatbots zu beschreiben. Auf der Grundlage der vorangegangenen Darstellungen werde ich sodann die Chancen, Herausforderungen und Risiken von ChatGPT beschreiben. Abschließend werde ich im Fazit meiner Arbeit eine Zusammenführung meiner Ergebnisse in Bezug auf die Forschungsfrage präsentieren.

2. Definition „Künstliche Intelligenz" und „ChatGPT"

Um einen besseren Einstieg in das Thema der künstlichen Intelligenz zu finden, werde ich im folgenden Kapitel den Begriff „Künstliche Intelligenz" und das Programm „Chat-GPT" genauer erläutern und definieren. Dies soll insbesondere einem besseren

Verständnis in den Kapiteln „Praktische Anwendungen im sprachlichen Unterricht" und „Chancen, Herausforderungen und Risiken" dienen.

2.1. „Künstliche Intelligenz"

Da die hier zu behandelnde Frage nach einer Definition von „Künstlicher Intelligenz" viel zu umfassend und vielschichtig ist, als dass im Rahmen dieser Hausarbeit eine detaillierte Auseinandersetzung folgen könnte und notwendig wäre, soll hier nur ein rudimentärer Überblick gegeben werden. Zumal gebe es derzeit ohnehin keine einheitliche Definition des Begriffs „KI", so Dr. Carolin Möller und Dr. Rahul Swaminathan in ihrem Artikel „KI und Grundrechte, Betrachtung der Risiken & Chancen" (vgl. Möller). Schon die Definition des Begriffs „Intelligenz" bereite Schwierigkeiten, was folglich nicht förderlich für die Definition der „Künstlichen Intelligenz" sei (ebd.). Jedenfalls unterscheide sich die natürliche Intelligenz von Menschen zu der künstlichen Intelligenz von Maschinen. Künstliche Intelligenz sei nach dem Artikel von Dr. Carolin Möller und Dr. Rahul Swaminathan ein synthetisches System (Maschine), das insoweit ein intelligentes Verhalten an den Tag lege, als dass es seine Umgebung analysiere und sodann selbstständig Maßnahmen ergreife, um ein gesetztes Ziel zu erreichen (ebd). Diese Definition entspreche auch der Mitteilung der Europäischen Kommission Künstliche Intelligenz für Europa (ebd). Komplexe Algorithmen seien die Wegbereiter, um die gestellten Probleme zu lösen.

Eine für mich griffige und nicht ins technische Detail gehende Definition von Prof. Dr. Richard Lackes, Technische Universität Dortmund zum Begriff der „Künstlichen Intelligenz" (KI) findet sich im Gabler Wirtschaftslexikon. Dort wird die Künstliche Intelligenz mit der „Erforschung ‚intelligenten' Problemlösungsverhaltens sowie der Erstellung ‚intelligenter' Computersysteme" beschrieben. Danach „beschäftige sich die Künstliche Intelligenz (KI) mit Methoden, die es einem Computer ermöglichen, solche Aufgaben zu lösen, die, wenn sie vom Menschen gelöst werden, Intelligenz erfordern" (Lackes).

Zwar fehlt es bislang an einer Legaldefinition der des Begriffs „KI", gleichwohl wird die Künstliche Intelligenz gemessen an der DSGVO (Datenschutzgrundverordnung) sowie an dem GG (Grundgesetz). Beide Gesetze bestimmen den Rahmen, der bei dem Umgang mit Daten zu beachten ist bzw. schützen Persönlichkeitsechte der Menschen.

4

Auch die EU-Kommission sieht in ihrem Verordnungsentwurf zur Regulierung der Nutzung Künstlicher Intelligenz aus April 2021 vor, dass die KI-Systeme für ihre Nutzer sicher sein und insbesondere deren Grundrechte einhalten sollen (Kummer). Vor Inkrafttreten der Verordnung bedarf es jedoch noch einer einvernehmlichen Verständigung der EU-Staaten mit dem Europaparlament (Tagesschau).

2.2. „ChatGPT"

„ChatGPT" ist die Abkürzung von "Chatbot Generative Pre-trained Transformer". Es ist ein Programm, das auf künstlicher Intelligenz beruht und Texte erstellen kann. Entwickelt hat es die U.S. Firma Open AI, ein von Elon Musk mitgegründetes KI-Forschungsunternehmen mit Sitz in Kalifornien (Eckert). Bereits seit 2019 läuft eine Kooperation mit dem Softwareunternehmen Microsoft (ebd.). ChatGPT selbst wurde im Dezember 2022 an den Start gebracht (ebd.). Die entscheidende Technologie, die das Programm nutzt, ist das sog. „deep Learning", ein maschinelles Lernen. Das Programm ist somit in der Lage kognitive Wissensaufgaben auszuführen und zu bearbeiten (Neuburger).

> „Es sollen künstliche neuronale Netze entstehen, ähnlich wie das menschliche Nervensystem. Ziel ist es, dass die Software ähnlich wie unser menschliches Gehirn arbeiten soll. In einem komplexen Netzwerk werden die Nutzer_innenfragen verarbeitet. So kann es sich wie Nervenzellen in unserem Gehirn wieder neu verknüpfen. Es werden so immer wieder neue Antworten generiert, die auch natürlich klingen, da die Software eine Unzahl von Texten aus dem Netz analysiert hat. Chat GPT hat zunächst das Antwortverhalten von Menschen kopiert. In der Folge haben Menschen die Antworten der Künstlichen Intelligenz bewertet. So lernt die Software selbstständig hinzu und ist in der Lage, die eigenen Antworten einzuschätzen." (Vgl. Beck)

Das Besondere an ChatGPT ist also, dass das System aus der Kommunikation mit den Nutzer_innen lernt natürliche Texte zu generieren. Die Nutzung funktioniert denkbar einfach, wie in einem „normalen" Chat, in dem zwei natürliche Personen auf Augenhöhe miteinander kommunizieren.

Aber nutzen wir die Künstliche Intelligenz „ChatGPT" doch einmal selbst in einem kleinen Experiment und fragen den Chatbot, wie er sich selbst definiert: Was ist ChatGPT?

> „ChatGPT ist ein künstlicher Intelligenz-Chatbot, der auf einem großen Sprachmodell namens "Generative Pre-trained Transformer" (GPT) basiert. Dieses Modell wurde von OpenAI entwickelt und trainiert, um menschenähnliche Texte zu generieren und in natürlicher Sprache zu interagieren. ChatGPT kann auf verschiedene Weise genutzt werden, wie zum Beispiel für Unterhaltungen, Textgenerierung oder Übersetzungen. Es verwendet maschinelles Lernen und künstliche Intelligenz, um

kontextbezogene Antworten zu liefern und durch fortlaufendes Training zu verbessern." (ChatGPT)

Dieses kleine Beispiel zeigt, dass das System in der Lage ist, zunächst die natürliche Sprache zu verstehen und sodann die eingegebene Frage sog. "Prompts" (Eingaben/Aufforderungen) analysieren und eine passende Antwort generieren kann.

Mit der Entwicklung von ChatGPT existiert eine neue Dimension technischer Unterstützung, die sämtliche Bereiche der wissenschaftlichen Arbeit betrifft (Neuburger). Insbesondere der Bildungssektor steht unter großem Einfluss des Programms, sowohl auf Seiten der Lernenden als auch auf der der Lehrenden (ebd.).

3. Curriculare Vorgaben für die Sprachlehre

Im Kernlehrplan für die Sekundarstufe 1 an Hauptschulen aus dem Jahre 2022 heißt es im Vorwort für das Fach Deutsch, dass es der schulische Auftrag sei, die Schüler_innen zu befähigen, ihre Zukunft, das heißt ihre persönliche Lebensgestaltung, ihren weiteren Bildungs- und Berufsweg aktiv und erfolgreich zu gestalten (Ministerium für Schule und Bildung „Kernlernplan" Vorwort). Hierzu sei es aufgrund des stetigen gesellschaftlichen und technologischen Wandels notwendig, die Schüler_innen auf die gestellten Herausforderungen vorzubereiten, insbesondere vor dem Hintergrund einer zunehmenden globalen Digitalisierung. Eine Selbstverständlichkeit sei es in diesem Zusammenhang, dass digitale Medien Einzug in den Unterricht halten (ebd.). Der Kernlehrplan setze hierfür die Rahmenbedingungen; die curricularen Vorgaben werden in schulinternen Lehrplänen konkretisiert. Im Wesentlichen gibt der Lehrplan vor, welche fachbezogenen Kompetenzen erworben werden sollen (Ministerium für Schule und Bildung „Kernlernplan" 6). Insbesondere sei das Fach Deutsch in der Gesamtschau des Fächerkanons ein wesentlicher Grundstein für die Persönlichkeitsentwicklung. Zentrale Aufgabe des Deutschunterrichts sei die Vermittlung von rezeptiver und produktiver Text- und Gesprächskompetenz (Ministerium für Schule und Bildung „Kernlernplan" 7). In dem Kernlehrplan wird also ein Kompetenzbereich angesprochen, der zumindest in Ansätzen und in Bezug auf die Zielrichtung mit dem des ChatGPT korrespondiert. Auch hier soll das Programm lernen, wenn auch mit Hilfe der „deep learning Technologie", Texte zu verstehen und eigenständig zu verfassen. Die zu erwerbenden Kompetenzen der Schüler_innen konzentrieren sich bei der Rezeption im Wesentlichen auf ein vertieftes Leseverstehen, ein aktives Zuhören und auf die Auswertung und das Beurteilen von Print- und digitalen Medien (Ministerium für Schule und Bildung „Kernlernplan" 20, 21). Im Bereich der Produktion liege der Kompetenzschwerpunkt auf dem sach- und adressatengerechten Verfassen von Texten unter Beachtung von Orthografie und Grammatik, gegebenenfalls unter Zuhilfenahme von digitaler Textverarbeitung (ebd). Ebenso stehe die Nutzung digitaler und nicht-digitaler Medienformate im Mittelpunkt (Ministerium für Schule und Bildung „Kernlernplan" 13). Inwieweit nun der Chatbot die Vorgaben des Kernlehrplans unterstützen kann, wird in der weiteren Bearbeitung zu untersuchen sein.

4. Praktische Anwendungen im sprachlichen Unterricht

Nicht nur aus Schülersicht ist der Einsatz von Künstlicher Intelligenz von Interesse, sondern auch aus Sicht der Lehrkräfte eröffnet er Perspektiven. Für Schüler_innen ist zunächst jedoch nach den Nutzungsbedingungen des ChatGPT eine nur eingeschränkte Nutzung im schulischen Rahmen der Sekundarstufe 1 möglich. Dort heißt es, dass für die Erstellung eines eigenen Kontos bei ChatGPT ein Mindestalter von 18 Jahren vorgesehen ist und sich der Dienst an Kinder ab 13 Jahren richtet und dies auch nur mit der Einwilligungserklärung der Erziehungsberechtigten. Der Anbieter nimmt jedoch keine Überprüfung der Altersangaben vor (Thiede). Letzterer Umstand soll hier unkommentiert bleiben. Welchen Nutzen der Chatbot nun bringen kann, will ich im Folgenden beschreiben. Im Unterschied zum Einsatz analoger Unterrichtsmaterialien ist die Verwendung digitaler Lehrmittel im Klassenraum an besondere Voraussetzungen geknüpft. Hier ist insbesondere der rechtliche Rahmen abzustecken, der von den einschlägigen Gesetzen zum Umgang digitaler Medien gesetzt wird. In diesem Zusammenhang ist die Datenschutzgrundverordnung (DGSVO) als zentrale Vorschrift zu nennen. Nach Artikel 1 der Verordnung dient sie „dem Schutz natürlicher Personen bei der Verarbeitung personenbezogener Daten und zum freien Verkehr solcher Daten." Des Weiteren „schützt sie die Grundrechte und Grundfreiheiten natürlicher Personen und insbesondere deren Recht auf Schutz personenbezogener Daten" (DSGVO Artikel 1). Der Beachtung dieser Vorschrift kommt vor dem Hintergrund der Datenspeicherung durch ChatGPT eine besondere Bedeutung zu. Wie oben dargestellt lernt die Software von ChatGPT selbstständig hinzu, indem bei der konkreten Nutzung durch Schüler_innen und Lehrer_innen eingegebene Daten vom System mit Hilfe der „deep learning Technologie" gespeichert und weiterverarbeitet werden

(Ministerium für Schule und Bildung „Umgang" 6). Diesem Umstand muss seitens der Lehrer_innen Rechnung getragen werden, wenn ChatGPT im Unterricht genutzt werden will. Unerlässlich ist es also, die Anwender_innen, in unserem Fall die Schüler_innen, über die zu erwartende Datenspeicherung in aller Deutlichkeit zu informieren, auch wenn das Konto des Chatbots aus den oben beschriebenen, rechtlichen Gründen grundsätzlich auf die unterrichtende Lehrerin oder den unterrichtenden Lehrer angelegt sein muss. Die Lehrkräfte treten sodann als Mittler zwischen ChatGPT und Schüler_innen auf und geben die im Klassenplenum besprochenen Prompts ein. Gemeinsam schauen sich dann Lerher_innen und Schüler_innen die systemseitige Antwort an. Wenn mit der Datenspeicherung Einverständnis besteht, sind in einem weiteren Schritt die Datenschutzerklärung und die Allgemeinen Geschäftsbedingungen der KI-Anbieter zu akzeptieren, um das Programm überhaupt nutzen zu können (ebd.). Welchen Schutz die von den Nutzer_innen eingegebenen Prompts letztendlich anbieterseitig erfahren, ist nicht dokumentiert (Thiede). Sind die rechtlichen Nutzungsvorgaben erfüllt, bietet der Chatbot in seiner konkreten Anwendung eine Vielzahl von Möglichkeiten den Sprachunterricht zu gestalten. Da das System noch relativ neu ist und sicherlich noch nicht sämtliche Nutzungsmöglichkeiten im Detail bekannt sind geschweige denn praktiziert werden konnten, will ich mich auf Schwerpunkte des konkreten Einsatzes konzentrieren.

Hier ist zunächst das Generieren von Texten zu nennen. Mit eindeutigen Anweisungen und Fragen an das System können Texte erstellt werden (Ministerium für Schule und Bildung „Umgang" 4). Diese können zum Beispiel Informationstexte zu einer neuen Unterrichtseinheit mit möglicherweise unbekanntem oder wenig bekanntem Inhalt sein. Nicht nur die Lehrer_innen allein führen in die Thematik des neuen Stoffs ein, fortan sind auch die Schüler_innen in der Lage, Informationen zum Thema mithilfe ihrer an das System gestellten Fragen einzubringen und deren Ergebnisse zusammentragen. Mithilfe einer Anweisung an das Programm - „Bitte erkläre das einfacher" - können diese Informationstexte auf den jeweiligen Leistungsstand der Schüler_innen bzw. auf deren Sprachniveau angepasst werden (Flick). Das Erstellen von Informationstexten hat aber auch in weiteren schulischen Bereichen Bedeutung, z.B. bei der Vorbereitung auf Prüfungen, bei der Konzeption von Referaten, beim Wiederholen von bereits behandeltem Unterrichtsstoff oder bei der Vorbereitung auf die nächste Unterrichtsstunde.

Ein weiteres Einsatzgebiet ist die Bearbeitung von bereits vorhandenen aber auch die von selbstverfassten Texten (Ministerium für Schule und Bildung „Umgang" 4). Zu berücksichtigen ist bei den selbstformulierten Texten, dass diese in digitaler Form vorliegen müssen, um vom System gelesen werden zu können. Der Chatbot ist nach entsprechender Anweisung des Nutzers in der Lage den Text hinsichtlich Strukturierung zu untersuchen oder auch im Hinblick auf die Formulierung alternative Vorschläge zu unterbreiten (ebd.). Dass auch Rechtschreibfehler und Grammatikfehler erkannt werden, ist angesichts anderer Textverarbeitungsprogramme kaum erwähnenswert. Dass der Chatbot die Fehler aber auflisten kann, verdient schon Erwähnung.

Ebenso kann das System selbsterstellte Texte Bewerten. Die Schüler_innen erhalten auf diesem Wege eine direkte Rückmeldung. So können sie ihre eigenen Schreibfähigkeiten reflektieren und gegebenenfalls verbessern (ebd.).

Aber nicht nur Schüler_innen können vom Programm profitieren, auch für Lehrer_innen eröffnet es Perspektiven für ihre Arbeit. So bietet es die Möglichkeit Wissen mit Hilfe von generierten Lückentexten oder Multiple Choice Aufgaben in Form von sogenannten Selbsttests abzufragen (Ministerium für Schule und Bildung „Umgang" 7). Die Lehrkräfte können so den Lernstand von Schülerinnen und Schülern abfragen und gezielt auf deren Schwächen noch einmal eingehen. Auch der Entwurf von Unterrichtsreihen oder einzelner Unterrichtsstunden ist mit Hilfe des ChatGPT möglich (Flick). Zwar ist es nicht recht vorstellbar, dass Lehrer_innen ihre Planung komplett dem System überlassen und ihre eigene Kreativität hintenanstellen, jedoch kann die KI allemal als Ideengeber im Sinne eines Unterrichtsassistenten hilfreich sein.

5. Chancen, Herausforderungen und Risiken

Nachdem die EU sich bislang nicht auf ein Gesetz zur Künstlichen Intelligenz verständigen konnte, wird ihr Gesetzgebungsverfahren von dem Chatbot „ChatGPT" überholt. Ein derart innovatives Programm war bis dato nicht bekannt und könnte den Vorstellungen der Gesetzesgeber_innen zuwiderlaufen, bis hin zu einem Verbot (Beutelsbacher).

Doch welche programmimmanenten Chancen, Herausforderungen und Risiken sind es eigentlich im schulischen Alltag, die einer näheren Betrachtung bedürfen?

Unter den Schüler_innen hat sich das Programm und dessen Potential längst herumgesprochen. Lernende sowie Lehrende werden damit konfrontiert, sich mit den neuen Möglichkeiten und dessen Potential zu befassen aber auch die damit verbundenen Herausforderungen und Risiken bestmöglich zu bewältigen. Der Bildungsauftrag von Schulen liege in Zeiten der Digitalisierung immer mehr auf dem sicheren und verantwortungsbewussten

Umgang mit Medien (Ministerium für Schule und Bildung „Umgang" 5). Hausaufgaben können mithilfe der Künstlichen Intelligenz schnell und unkompliziert erledigt werden, da meist im schulischen Kontext lediglich ein reproduziertes Wissen gefordert ist (vgl. Felzmann). Somit wird es durch den Chatbot für Lehrkräfte immer schwieriger zu unterscheiden, ob ein geschriebener Text bzw. eine bearbeitete Aufgabe eigenständig oder mithilfe von ChatGPT generiert wird. Gleichwohl darf an dieser Stelle grundsätzlich unterstellt werden, dass die Lehrkräfte in einem gut funktionierenden Schüler_innen – Lehrer_innenverhältnis die Fähigkeiten und Leistungsstärken ihrer Schüler_innen kennen und in der Lage sind festzustellen, ob es sich um einen selbstverfassten Text handelt oder einen, der mit fremder Hilfe geschrieben wurde. Es steht also die Frage der Urheberschaft im Fokus der Lerhrer_innen. Jedenfalls ist es zum jetzigen Zeitpunkt für die Lehrkräfte auch aus einem anderen Grund – noch – verhältnismäßig leicht erkennbar, ob ein Text oder eine Aufgabe mithilfe der Künstlichen Intelligenz bearbeitet wurde. Denn meist verwendet das Programm schüleruntypisch viel zu hochgestochene Ausdrucksweisen, die Schülerinnen und Schüler schnell auffliegen lassen würden (Belousova). Jedoch darf auch nicht verkannt werden, dass ChatGPT in der Lage ist, auf entsprechende Aufforderung den Text sprachlich „einfacher" zu verfassen (Flick).

Eine weitere Frage, die kritisch betrachtet werden muss, ist die nach der Wahrhaftigkeit der vom System erzeugten Antworten. Sicherlich ist ChatGPT bei Wissensfragen aus dem schulischen Alltag eine verlockende Hilfestellung, jedoch kann nie garantiert werden, dass die ausgegeben Antworten auch ihre Richtigkeit haben (Felzmann). Derzeit arbeitet die künstliche Intelligenz noch nicht mit verlässlichen Quellen, die eine Antwort auf eine Frage belegen können (ebd.). Somit birgt das Programm Risiken für Schülerinnen und Schüler falsche Fakten in ihre Arbeiten aufzunehmen. In einem auf diese Weise generierten Text können fehlerhafte Aussagen den Anschein entstehen lassen, dass eben diese auf wahren Fakten beruhen (Ministerium für Schule und Bildung „Umgang" 4). Der Leitfaden des Ministeriums für Schule und Bildung sieht es daher vor, das Thema „Fehlinformationen" genauer zu behandeln und bei den Schüler_innen ein Bewusstsein hierfür zu schaffen (ebd.). Die generierten Texte basieren eher auf Wahrscheinlichkeiten als auf Wahrheiten, weshalb diese nicht unreflektiert kopiert werden dürfen (ebd.). So rät Prof. Dr. Spannagel von der Pädagogischen Hochschule Heidelberg seinen Student_innen: „Bevor Sie also mit Ergebnissen und Impulsen weiterarbeiten, müssen Sie diese überprüfen und gegebenenfalls überarbeiten. Das Werkzeug denkt nicht für Sie, sondern Sie denken mit Hilfe des Werkzeugs" (Spannagel). Dieser Rat findet nicht nur im universitären

Kontext seine Berechtigung. Er ist vielmehr allgemeingültig und kann auch auf den schulischen Bereich bezogen werden, wenn es um die Nutzung von Künstlicher Intelligenz geht. Spannagel macht im Weiteren deutlich, dass die Nutzer_innen als Urheber_innen des Textes nicht nur für die Lösung des Problems einzustehen haben, sondern ebenso für die Fehler der mithilfe von KI generierten Texten (ebd.). Eine Verantwortung der KI scheide aus. Ein weiteres Manko ist die oftmals sehr oberflächliche Formulierung der von ChatGPT generierten Texte, die keine tiefgründige Bearbeitung von Aufgaben zulassen (Belousova). Wirkliches Spezialwissen kann jedenfalls derzeit – noch – nicht abgefragt werden.

Da eine künstliche Intelligenz Zugriff auf die verschiedensten Quellen im Internet hat und sich dadurch auch selbst trainiert, ist es nie ausgeschlossen, dass der Chatbot auch ethisch nicht vertretbare oder beleidigende Texte generieren kann (Ministerium für Schule und Bildung „Umgang" 5). Das Risiko somit Einfluss auf Schüler_innen zu nehmen erhöht sich dadurch, auch wenn die Programmierer_innen von ChatGPT ein unpolitisches Generieren von Texten anstreben (ebd.).

Jedoch bietet das Programm neben den genannten Herausforderungen bzw. Risiken auch vielfältige Chancen für Schülerinnen und Schüler. Die künstliche Intelligenz kann das Wissen ihrer Benutzer_innen erweitern und fördern. So kann ChatGPT dabei helfen geschriebene Texte der Schüler_innen mit Texterweiterungen oder neuen Satzbauten zu verbessern und den Sprachhorizont somit erweitern (Ministerium für Schule und Bildung „Umgang" 4). Ebenso bietet das Programm die Möglichkeit den Umgang mit falschen Fakten und Aussagen, die das Programm, wie oben beschrieben, gelegentlich herausgibt, zu erlernen. Fakten können nur dann von sogenannten „Fake News" unterschieden werden, wenn vorher ein gewisses Grundwissen zu einem bestimmten Thema vorhanden ist (ebd.). Dies stärkt bei den Schülerinnen und Schülern die Kritikfähigkeit und schärft den Sinn nicht allen bereitgestellten Texten aus dem Internet blind zu vertrauen und Glauben zu schenken (ebd.). Die Bereitschaft solche Texte genauer zu hinterfragen und sich sichere Quellen zu holen wird erhöht und sensibilisiert.

Zudem bietet sich den Lernenden die Möglichkeit Themen, die komplexer Natur sind, mit simpel gestellten Fragen an das Programm in einer vereinfachten Form noch einmal erklärt zu bekommen (Ministerium für Schule und Bildung „Umgang" 7). Auch Übersetzungen von Texten oder Beispiele zu einem bestimmten Thema sind möglich (ebd.). Die Schüler_innen können im Umgang mit dem Chatbot losgelöst von den Sorgen eigener Fehler experimentieren und ihre Fähigkeiten ausbauen.

Ein nicht zu vernachlässigender Aspekt ist weiterhin die Chance, dass ChatGPT einen Beitrag zu einer größeren Chancengleichheit im schulischen Kontext bieten kann. Nicht alle Schüler_innen, gerade im Bereich der Hauptschulen, haben das Glück Eltern an ihrer Seite zu haben, die ihnen mangels Zeit oder eigener Bildung Hilfestellungen beim Lernen geben zu können. Verstärkt wird das Problem bei zunehmender Migration von nicht deutschsprachigen Schüler_innen. So sieht Prof. Enkelejda Kasneci ein Potenzial für Bildungsgerechtigkeit in dem Werkzeug ChatGPT. Unabhängig von der Qualität des Bildungssystems sei zukünftig eine Teilhabe an Bildung mit dem Werkzeug für jeden möglich. „Durch dessen Einsatz können schulische Schwächen jedes einzelnen Kindes entschärft werden, Stärken hervorgehoben und zu einem konstruktiven Lernerfolg beitragen" (Kasneci; Wanner).

6. Fazit

Der Einzug von digitalen Medien im Schulunterricht ist mittlerweile zu einer Selbstverständlichkeit geworden und korrespondiert mit den curricularen Vorgaben des Kernlehrplans. Sicherlich gibt es viele Programme, die als digitale Medien im Schulunterricht eingesetzt werden, der Chatbot „ChatGPT" setzt jedoch neue Maßstäbe.

In kürzester Zeit hat ChatGPT durch vielfältige Pressemitteilungen eine breite Öffentlichkeit erreicht. Vor allem Schüler_innen und Student_innen aber auch Lehrer_innen wurden hellhörig, als sie die Nachricht erreichten, dass ChatGPT in der Lage sei Texte zu verfassen, die die Qualität von Hausarbeiten, Klausuren und Examensarbeiten aufweisen. Die Pressemitteilungen überhäuften den Superbot mit Vorschusslorbeeren im Hinblick auf seine Fähigkeiten Texte zu generieren, die von einer natürlichen Urheberschaft kaum zu unterscheiden sei. Skeptiker_innen hingegen befürchteten eine inflationäre Entwicklung, wenn zukünftig Maschinen Texte verfassen können, die zuvor nur von Menschen erdacht werden konnten. Somit war nach kurzer Zeit schon der Spagat zwischen Chancen und Herausforderungen bzw. Risiken des Systems in der Diskussion. Nach den Erkenntnissen meiner Ausarbeitung sind die Gefahren oder Risiken durch den Einsatz von ChatGPT nicht von der Hand zu weisen. Diese betreffen in erster Linie die Urheberproblematik und den Wahrheitsgehalt der maschinell generierten Texte. Dem gegenüber stehen jedoch erhebliche Chancen der Nutzer_innen von ChatGPT. Die Chancen liegen vor allem in der Erweiterung der Sprachkompetenz sowie in der Kompetenz vorgegebene

12

Internettexte auf deren Wahrheitsgehalt kritisch zu hinterfragen, also in der Stärkung der Kritikfähigkeit und letztendlich auch in der gesamtgesellschaftlichen Möglichkeit einer Chancengleichheit in der Bildung näher zu kommen. Wenn es uns also gelingt die programmimmanenten Risiken zu bewältigen überwiegen die Chancen gegenüber den Risiken, die das Programm bietet. Dabei muss klar sein, dass wir uns gerade erst am Anfang einer Entwicklung befinden. Diese Entwicklung gibt uns aber auch die Chance sie kritisch zu betrachten und konstruktiv zu begleiten.

Ebenso zeigt meine Ausarbeitung, dass durch den Einsatz von ChatGPT Lernende profitieren und Lehrende entlastet werden können. Ein Chatbot wie ChatGPT ist ein technologischer Meilenstein, der mit seiner Einführung gesetzt wurde, ohne dass es hiervon ein Zurück geben wird. Die nächste Generation ChatGPT 4 steht schon zum Ausprobieren bereit. Sie ist jedoch kostenpflichtig, soll aber deutlich leistungsstärker als die hier thematisierte Version ChatGPT-3 sein (Humpa). Abschließen möchte ich meine Hausarbeit mit einem Zitat von Dirk Thiede: „Zusammenfassend lässt sich sagen, dass man bei einer unterrichtlichen Nutzung von ChatGPT mit Bedacht vorgehen sollte und dabei immer das Alter der Schüler_innen und die Umstände der Nutzung im Blick halten sollte, denn daraus leiten sich die Grenzen der Nutzung her" (Thiede).

Quellenverzeichnis:

- Beck, David. „Gespräche führen mit Chat GPT: So lernt die KI von uns". *SWR-Wissen*, 16.01.2023, www.swr.de/wissen/chatbots-wie-funktioniert-chat-gpt-100.html. Zugriff: 10.02.2023.

- Belousova, Katja. „Chance oder Gefahr für die Lehre? Was Schulen und Unis zu Chat-GPT sagen". *ZDF*, 21.12.2022, www.zdf.de/nachrichten/digitales/chat-gpt-schule-hochschule-100.html. Zugriff: 16.03.2023.

- Beutelsbacher, Stefan und Benedikt Fuest. „Unkontrollierbares Chat GPT? So will Europa KI jetzt noch zähmen". *Welt*, 10.03.2023, www.welt.de/wirtschaft/plus244135229/ChatGPT-Bard-Co-So-will-Europa-Kuenstliche-Intelligenz-baendigen.html. Zugriff: 12.03.2023.

- *Chat GTP*. Open AI, 2022, www.chat.openai.com/auth/login?next=/chat. Zugriff: 11.02.2023.

- DSGVO. „Datenschutz-Grundverordnung". *Amtsblatt der Europäischen Union*, 27.04.2016, www.dsgvo-gesetz.de/. Zugriff: 19.03.2023.

- Eckert, Svea. „ChatGPT – die wichtigsten Fragen und Antworten zur KI-App". *NDR-Info*, 02.02.2023, www.ndr.de/ratgeber/ChatGPT-die-wichtigsten-Fragen-und-Antworten-zur-KI-App,chatgpt138.html. Zugriff: 15.03.2023.

- Felzmann, Thomas. „ChatGPT: Möglichkeiten und Risiken für die Schule". iPad-Teacher, 15.02.2023, www.thomasfelzmann.at/chatgpt-chancen-und-risiken-fuer-den-unterricht/. Zugriff: 15.03.2023.

- Flick, Manuel. „ChatGPT – 15 Ideen für den Unterricht". *Manuel Flick*, 11.01.2023, www.manuelflick.de/blog/chatgpt-im-unterricht. Zugriff: 20.03.2023.

- Humpa, Michael und Joerg Geiger. „GPT-4 kostenlos nutzen: Über Umwege geht's schon jetzt". *Chip*, 19.03.2023, www.chip.de/news/GPT-4-kostenlos-nutzen-Ueber-Umwege-gehts-schon-jetzt_184645588.html. Zugriff: 22.03.2023.

- Kasneci, Prof. Dr. Enkelejda. „ChatGPT kann zu mehr Bildungsgerechtigkeit führen". *Technische Universität München*, 07.02.2023, www.tum.de/aktuelles/alle-meldungen/pressemitteilungen/details/chatgpt-kann-zu-mehr-bildungsgerechtigkeit-fuehren. Zugriff: 21.03.2023.

- Kummer, Wiebke. „Wie steht es eigentlich um die Verordnung zur Regulierung der Künstlichen Intelligenz (KI)?". *Datenschutz Notizen*, 07.12.2022, www.datenschutznotizen.de/wie-steht-es-eigentlich-um-die-verordnung-zur-regulierung-der-kuenstli-chen-intelligenz-ki-0539462/. Zugriff: 18.03.2023.

- Lackes, Prof. Dr. Richard und Dr. Markus Siepermann. „Künstliche Intelligenz (KI)". *Wirtschaftslexikon Gabler*, 19.02.2018, www.wirtschaftslexikon.gabler.de/definition/kuenstliche-intelligenz-ki-40285/version-263673. Zugriff: 10.02.2023.

- Ministerium für Schule und Bildung. „Kernlernplan für die Sekundarstufe 1 Hauptschule in Nordrhein-Westfalen: Deutsch". *Ministerium für Schule und Bildung des Landes Nordrhein-Westfalen*, 02.06.2022, www.schulentwicklung.nrw.de/lehrplaene/lehrplan/303/hs_d_klp_2022_06_17.pdf. Zugriff: 12.03.2023.

- Ministerium für Schule und Bildung. „Umgang mit Textgenerierenden KI-Systemen: Ein Handlungsleitpfaden". *Ministerium für Schule und Bildung des Landes Nordrhein-Westfalen*, Februar 2023, www.schulministerium.nrw/system/files/media/document/file/handlungsleitfaden_ki_msb_nrw_230223.pdf. Zugriff: 12.03.2023.

- Möller, Dr. Carolin und Dr. Rahul Swaminathan. „KI und Grundrechte: Betrachtung der Risiken und Chancen". *Deloitte*, www2.deloitte.com/de/de/pages/public-sector/articles/ki-und-grundrechte.html. Zugriff: 10.03.2023.

- Neuburger, Rahild. „ChatGPT im Bildungssektor: Mehr Chancen als Risiken". *Computerwoche*, 08.03.2023, www.computerwoche.de/a/mehr-chancen-als-risiken,3613991. Zugriff: 16.03.2023.

- Spannagel, Prof. Dr. Christian. „Rules for Tools". *Pädagogische Hochschule Heidelberg*, 15.03.2023, www.csp.uber.space/phhd/rulesfortools.pdf. Zugriff: 21.03.2023.

- Tagesschau. „Erstmals Regeln für Künstliche Intelligenz". *Tagesschau*, 06.12.2022, www.tagesschau.de/ausland/europa/eu-kuenstliche-intelligenz-101.html. Zugriff: 18.03.2022.

- Thiede, Dirk. „ChatGPT und der Datenschutz – eine aktuelle Einschätzung (März 2023)". *Unterrichten digital*, 23.01.2023, www.unterrichten.digital/2023/01/23/chatgpt-datenschutz-unterricht-schule/#AGB_von_ChatGPT. Zugriff: 19.03.2023.

- Wanner, Pauline. „Korrigiert ChatGPT bald das Abitur?: Wie Künstliche Intelligenz die Bildung verändert". *Akademie für politische Bildung Tutzing*, 20.02.2023, www.apb-tutzing.de/news/2023-02-20/ki-kuenstliche-intelligenz-digitalisierung-chatgpt-schule-bildung-bildungswesen. Zugriff: 21.03.2023.